Prix : 35 cent. net.

MÉTHODE LAROUSSE ILLUSTRÉE

LECTURE
ÉCRITURE

a e i

o u

Librairie
Larousse

PARIS

LIVRET I

Phot. Cañellas.

MÉTHODE LAROUSSE ILLUSTRÉE

LECTURE
ÉCRITURE

Par GEORGES et TRONCET

LIVRET I

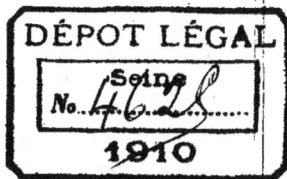
PARIS. — LIBRAIRIE LAROUSSE
Rue Montparnasse, 13-17. — Succursale, rue des Écoles, 58.

MÉTHODE LAROUSSE ILLUSTRÉE
LECTURE - ÉCRITURE
PAR GEORGES ET TRONCET

AUX MAITRES

LES petits enfants ont généralement peu de goût pour la lecture et l'écriture ; ils aiment mieux regarder les images du livre que les lettres de l'alphabet ; ils préfèrent aussi les exercices de dessin à la leçon d'écriture. Pour mettre à profit ces dispositions naturelles de l'enfance, on a, dans cette Méthode, associé largement l'image à la lecture et le dessin à l'écriture.

Par un choix sévère des leçons et sans prendre parti pour tel ou tel procédé pédagogique, nous avons réuni, dans la MÉTHODE LAROUSSE ILLUSTRÉE, toutes les matières d'un enseignement complet de la lecture et de l'écriture. A dessein, nous avons proscrit les exercices fastidieux ou superflus qui contrarient les goûts de l'enfant et nuisent au libre développement de ses facultés.

Deux *livrets* et douze *tableaux* composent cette Méthode.

Les tableaux renferment la partie essentielle des leçons contenues dans les livrets ; ils ne sont pas indispensables, mais ils présentent un intérêt tout particulier au point de vue esthétique : composés avec le plus grand soin et tirés en deux couleurs, ils introduisent à l'école la note d'art, de bon goût, dont se préoccupent à juste titre tous les éducateurs.

Dans les deux livrets, nous présentons progressivement aux regards de l'enfant, en des pages harmonieuses et gaies, la substance des leçons à étudier, laissant à chaque maître ou maîtresse toute latitude pour en tirer le meilleur parti possible. Livrets et tableaux peuvent donner satisfaction à toutes les exigences, soit pour la lecture avec ou sans épellation, soit pour l'écriture droite ou l'écriture penchée, soit pour la leçon collective ou individuelle au tableau-méthode ou au tableau noir, sur l'ardoise ou sur le livret, par le maître ou par le moniteur.

De nombreuses et belles images, de bons modèles d'écriture, de beaux alphabets, et partout, autant que possible, la simplicité, la clarté, la beauté sont répandus dans la Méthode Larousse illustrée et lui donnent à la fois un caractère artistique et éducatif.

INDICATIONS PRATIQUES.

Le maître fera d'abord dire le nom de l'objet représenté par l'image, puis émettre le son correspondant, en insistant sur le signe étudié. Exemple : **â**ne, **a**, **a**, **a**, **a**, **a**beille, **a**lphabet, **a**louette. Il tracera au tableau noir la lettre à apprendre. Exemple : **A**. L'élève lira et copiera cette lettre d'abord sur le tableau noir, puis sur l'ardoise.

Une marche analogue pourra être suivie pour l'étude des chiffres, des syllabes, des mots et des phrases. Les tableaux de revision (pages 14, 19, 23, etc.) pourront se lire horizontalement et verticalement.

L'usage très répandu des brins de paille et des bûchettes pour le calcul permettra, si l'on veut, de former de petites combinaisons : d'abord on montrera des bâtons debout, penchés ou couchés qu'on représentera sur le tableau noir et que les enfants reproduiront sur leur ardoise, puis on formera matériellement les majuscules de l'alphabet (page 36) avant de les faire écrire sur le tableau noir et sur l'ardoise.

Le chant, comme le dessin, peut être mis à contribution pour les premières études (page 37). L'exercice sur les dix doigts pourra être mimé : les enfants en chantant montreront d'abord les cinq doigts de la main gauche, puis les cinq doigts de la main droite, enfin les dix doigts des deux mains.

Il existe une foule de petits procédés fort ingénieux qui donnent les meilleurs résultats ; tels sont les dessins faits librement sur l'ardoise par l'enfant pour représenter les objets qui frappent ses regards et qu'on peut intentionnellement choisir et rattacher au sujet de ses études. Nous n'avons dans notre Méthode à recommander aucun de ces procédés d'une façon particulière. Les maîtres et maîtresses doivent rester juges de l'opportunité des uns ou des autres et en user avec discernement, suivant les aptitudes de leurs élèves.

A a *A a*

Ane

MAJUSCULES	MINUSCULES
A B C D E F	a b c d e f
G H I J K L	g h i j k l
M N O P Q R	m n o p q r
S T U V W X	s t u v w x
Y Z	y z

a beil le   al pha bet   a lou et te

E e *E e*

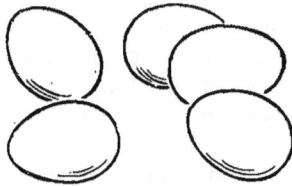

Œufs

œil   œil let   œil lè res

E

é

ℰ

é

Épée

é chel les

é lé phant

é ta bli

E

è

ℰ

è

Haie

ca fe ti **è** re

sa li **è** re

thé i **è** re

Hibou

i non da tion

Oreille

o va le

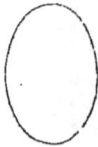

o gnons

o ran ge

U U 𝒰

u u 𝓊

Huppe

u ni vers

Y Y 𝒴

y y 𝓎

Yole

y ack

hy è ne

1		*1*
2		*2*
3		*3*
4		*4*
5	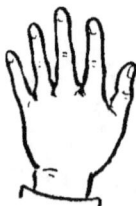	*5*

6	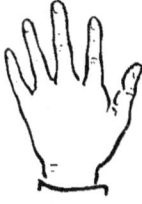		*6*
7	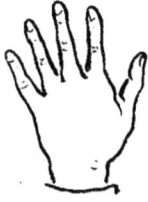		*7*
8	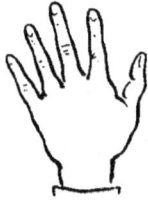		*8*
9	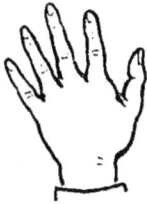		*9*
10	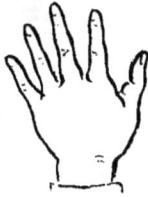	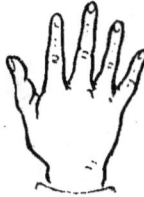	*10*

N N
n n

Nœud

Ne na né ni no nu

Ne na né ni no nu

A ne, u ne, u ni, u ni e, nu, nu e,
No é, Ni na, u ne nu é e.

Nina, une nuée.

â ne   a na nas   ni che

Melon

M *M*

m *m*

Me   ma   mé   mi   mo   mu

Me ma mé mi mo mu

Mi mi, a mi, me nu, mi ne,
u ne mu e, u ne a né mo ne,
u ne a mi e, Mi na, No é mi.

Mina, une amie.

li **ma** çon

a né **mo** ne

mu e

Rave

V $\mathcal{V}$

V $\mathcal{v}$

Ve va vé vi vo vu

Ve va vé vi vo vu

Va, vie, vive, vu, venu, une ove, Nina a vu Noémi, une vue, une avenue animée.

Vie, une avenue.

vi père   **vo** lant   **va** li se

R R *R*

r r *r*

Renard

Re   ra   ré   ri   ro   ru

Re ra ré ri ro ru.

Ra ve, ri ve, ru e, a rè ne,
ma re, ma ri, mi re, na vi re,
ma mè re a mè ne ra Re mi.

Remi, une rue.

rat

la ra re   ro bi net   gué ri te

	e	a	é	è	i	o	u
n	ne	na	né	nè	ni	no	nu
m	me	ma	mé	mè	mi	mo	mu
v	ve	va	vé	vè	vi	vo	vu
r	re	ra	ré	rè	ri	ro	ru

Une mue, une mûre, une mire,
une mare, une mère, une rue,
une rive, une rave, une rivière.
Vu, vue; venu, venue; uni, unie;
ami, amie; revenu, revenue.
René a ri. Nina a vu une mariée.

René a ri

une mue

une rave

ruine

navire

S S

s s

Semeur

Se   sa   sé   si   so   su

Se sa sé si so su

Sa ra, si re, Sy ri e, sé né, sè ve,
u ne sé ri e, u ne se ri ne, u ne
si rè ne so no re, mè re sé vè re.

Sara sera ravie.

sa bots   bous **so** le   **sa** co che

X X

X x

Boxe

Xe   xa   xé   xi   xo   xu

Xe xa xé xi xo xu

Axe, Saxe, axiome, une rixe,
Xavière rêve, Maxime a rêvé.

Xavière, Maxime.

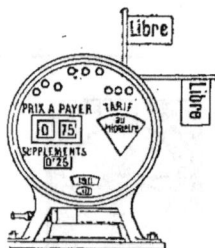
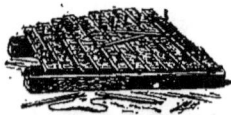

sa **xo** pho ne   ta **xi** mè tre   **xy** lo pho ne

2 D *D*
Deux d *d*

De   da   dé   di   do   du

De da dé di do du

Dé, da da, do do, mo de, mi di,
do mi no, A mé dé e a de vi né,
ma da me dî ne ra à mi di.

Diane dîne à midi.

pen **du** le   **di**gne   cro co **di** le

T   𝒯

t   𝓉

Tenailles

Te   ta   té   ti   to   tu

Te ta té ti to tu

Tête, été, rôti, arête, vérité,
unité, étude, nature, tomate,
savate, étui, ta tenue te nuira.

Ta tenue te nuira.

tu li pes   pin **ta** de   **to** ma tes

	e	a	é	ê	i	o	u
s	se	sa	sé	sê	si	so	su
x	xe	xa	xé	xê	xi	xo	xu
d	de	da	dé	dê	di	do	du
t	te	ta	té	tê	ti	to	tu

A ne tê tu, dô me do ré, tê te nu e.
U ne de mi – mi nu te, u ne ri vi è re
ta ri e, u ne a rê te de mo ru e.
To ny a é té re te nu. Ta mè re te
ra mè ne ra sa me di. Si do ni e i ra
ru e de Ro me, nu mé ro 8.

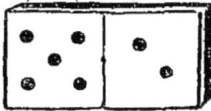

domino

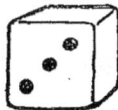

dé

dé

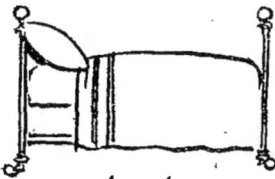

dodo
de Sara

dada
de Toto

L L

l l

Levrette

Le   la   lé   li   lo   lu

Le la lé li lo lu

La li me, le lo to, la sa la de,
la tu i le, la mu le, le mo dè le,
la lu ne se lè ve, A dè le a lu.

La lune se lève.

la pin   **lé** zards   **lo** ri ot

Belette

B   𝓑

b   𝓫

Be   ba   bé   bi   bo   bu

Be ba bé bi bo bu

Bé bé a du bo bo, Mé la ni e a
a bî mé sa ro be. Sa bi ne a o bé i.
A va le le ba ba. Dé vi de la bo bi ne.

Bébé a du bobo.

bi be ron   **bo** a   **bo bi** nes

H *H*
h *h*

Lettre nulle

He ha hé hi ho hu

He ha hé hi ho hu

Hé lè ne, Ho no ré, Ho no ri ne, hui le, hy è ne, ho là ! hé ! hu e! hu mi di té, hu ma ni té, ha bi tu de.

Hue, hue, dada.

ho mard   **hut** tes   **hé** ron

	e	a	é	è	i	o	u
l	le	la	lé	lè	li	lo	lu
b	be	ba	bé	bè	bi	bo	bu
h	he	ha	hé	hè	hi	ho	hu

Une île, une alêne, une salière.
La tabatière d'Anatole; le halo
de la lune; la litière de la mule.
Hélène a hérité. Honorine a sali
sa robe. Le boa a vale une bête.
Le malade a le délire. La salade
lèvera. Léa obéira à sa mère.

Bébé

une salière

la lune

une lime

une île

F F
f f

Feu

Fe   fa   fé   fi   fo   fu

Fe fa fé fi fo fu

Fè ve, fa ri ne, fê te, fi dé li té,
fu mé e, fo li e, fi dè le, fi o le.

Fidèle va à la fête.

fe nê tre   **fa** lai ses   **fu** ret

Pelote

P   *P*
p   *p*

Pe   pa   pé   pi   po   pu

Pe pa pé pi po pu

Pi e, é pi, é pi ne, pe lo te, po è te, pâ té, é pé e. Pa pa fu me sa pi pe.

Papa a tué la vipère.

pa vot   tou **pi** es   **pê** che

J J

Jeu

Je   ja   jé   ji   jo   ju

Je ja jé ji jo ju

Jérôme, Julia, juré, jujube, jetée. Julie a une jolie jupe.

Julie a une jolie jupe.

ja cin the   **ja** guar   **ja** lou sie

Z
z

Zèbre

Z z

Ze za zé zi zo zu

Ze za zé zi zo zu

Zé ro, zé bu, zo ne, zi be li ne,
zé le, Zo é, Zé li e a u ne a za lé e.

Zélie a une azalée.

zi be li ne

a ma zo ne

0

zé ro

	e	a	é	ê	i	o	u
f	fe	fa	fé	fê	fi	fo	fu
p	pe	pa	pé	pê	pi	po	pu
j	je	ja	jé	jê	ji	jo	ju
z	ze	za	zé	zê	zi	zo	zu

Une tulipe fanée, la farine fine,
la parure de Zoé, la fête de Marie.
Je répare le piano. Jure de dire
la vérité. Julia, ôte ta pèlerine.
Lazare sera puni. Le malade
avale une pilule. L'épi mûrira.

tulipe

épine

épi

poêle

Papa fume sa pipe

1

2

3

4

5

6

7

8

9

10

K *K*

k *k*

Képi

Ke ka ké ki ko ku

Ke ka ké ki ko ku

Ki lo de mo ka, de mi-ki lo de fa ri ne, le ké pi de l'é lè ve, le Ka by le ha bi te la Ka by li e.

Kilo de moka.

ka ka to ès   **ki** os que   ma **ki**

Q Q

q q

Quenouille

Qu = K

Que   qua   qué   qui   quo

Que qua qué qui quo

Qui fe ra la quê te ? Vé ro ni que
me ta qui ne, Mo ni que se pi que.

Qui fera la quête ?

quil les

bar **ques**

pâ **que** ret tes

C *C*
c *c*

Cerises

C = K	C = S
Ca co cu	Ça ço çu
Ca co cu	*Ça ço çu*

Cocote

	ce cé ci
	ce cé ci

Ca na da, ca ve, é co le, é cu ri e, cu ve, ca ra co.	Cé ci le, ci re, li ma ce, re çu, pu ce, ra ci ne.
Canada.	*Cécile.*

ca nard

cy gne

G G
g g

Galette

Ga go gu

Ga go gu

Genou

G = J

gue gué gui

gue gué gui

Ge gé gi

Ge gé gi

Ga li lé e, gui de.

Galilée.

Ge nè ve, gi ra fe.

Genève.

ga zel les

gi ra fes

	e	a	é	è	i	o	u
k	ke	ka	ké	kè	ki	ko	ku
q	que	qua	qué	què	qui	quo	qu
c		ca				co	cu
c	ce	ça	cé	cè	ci	ço	çu
g	gue	ga	gué	guè	gui	go	gu
g	ge		gé	gè	gi		

Cu be, cu ve, cô ne, pi que, co li que,
mo ka, ca pe li ne, ca fé, ca fe ti è re.
Cé le ri, ma li ce, no ce, fa ça de,
Guê pe, gué ri te, ci ga re, ba gue.
Ge lé e, ca ge, pa ge, gi be ci è re.

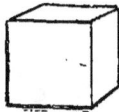
cube

cône

pique

limace

guérite

gibecière

cage

	a	o	u	e	é	è	ê	i	y
n	na	no	nu	ne	né	nè	nê	ni	ny
m	ma	mo	mu	me	mé	mè	mê	mi	my
v	va	vo	vu	ve	vé	vè	vê	vi	vy
r	ra	ro	ru	re	ré	rè	rê	ri	ry
x	xa	xo	xu	xe	xé	xè	xê	xi	xy
d	da	do	du	de	dé	dè	dê	di	dy
t	ta	to	tu	te	té	tè	tê	ti	ty
l	la	lo	lu	le	lé	lè	lê	li	ly
b	ba	bo	bu	be	bé	bè	bê	bi	by
h	ha	ho	hu	he	hé	hè	hê	hi	hy
p	pa	po	pu	pe	pé	pè	pê	pi	py
f	fa	fo	fu	fe	fé	fè	fê	fi	fy
ph	pha	pho	phu	phe	phé	phè	phê	phi	phy
z	za	zo	zu	ze	zé	zè	zê	zi	zy
s[1]	sa	so	su	se	sé	sè	sê	si	sy
s	sa	so	su	se	sé	sè	sê	si	sy
ç	ça	ço	çu	ce	cé	cè	cê	ci	cy
c	ca	co	cu						
k	ka	ko	ku	ke	ké	kè	kê	ki	ky
q	qua	quo		que	qué	què	quê	qui	quy
j	ja	jo	ju	je	jé	jè	jê	ji	jy
g	gea	geo		ge	gé	gè	gê	gi	gy
g	ga	go	gu	gue	gué	guè	guê	gui	guy

(1) S entre deux voyelles a le son de Z.

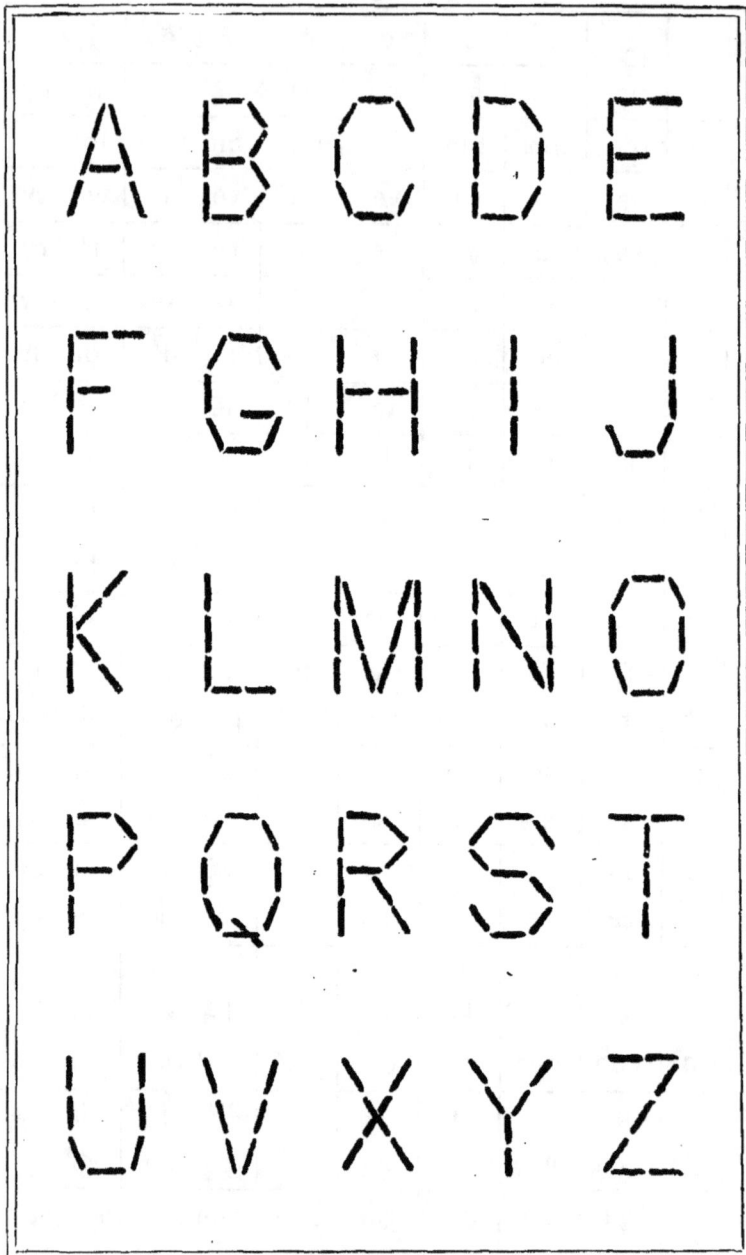

A B C D E
F G H I J
K L M N O
P Q R S T
U V X Y Z

A B C D.

a b c d e f g h i j
k l m n o p q r s t
u v x i grec z Je li‑rai, j'appren‑
‑drai, je sau‑rai mon a b c d

UN, DEUX, TROIS.

Un, deux, trois, qua‑tre, cinq. J'ai cinq
doigts. J'ai cinq doigts à cha‑que main.
J'ai cinq doigts à cha que main. En tout ce‑la fait
dix. Un, deux, trois, quat', cinq, six, sept, huit, neuf, dix.

Noms de personnes.

A dé la ï de, Bo ni fa ce, Cé li ne, Dé si ré, É li se, Fé li ci e, Gi sè le, Ho no ri ne, I si do re, Ju li e, Lé a, Mé la ni e, Ni co dè me, O né si me, Pé la gi e, Ro sa, Sa lo mé, Va lè re.

HÉLÈNE, RENÉE

LÉOCADIE, SARA

Amédée, Julie, Désiré, Jérôme, Caroline, Ida, Sabine, Marie, Adèle, Lucie, Léonie.

Denise, Elisa, Lucile, Sidonie, Aline, Lydie, Véronique, Sara, Julia, Irénée, Héloïse, Elie.

Noms d'aliments.

Po ta ge, lé gu me, rô ti, sa lé, ma ca ro ni, pà té, sa la de.

CAFÉ. LIMONADE.

Potage, légume. salade, pâté, macaroni.

Baba, limonade, café, bière, légume, potage.

Noms de vêtements.

Ro be, ju pe, tu ni que, ké pi, ca po te, ca pe li ne.

CAMISOLE, KÉPI

Casaque, jupe robe.

Tunique, képi, capote, jupe, robe, capeline.

Noms de mammifères.

Ane, dogue, hyène, lama, maki, girafe, zébu, phoque, sarigue, zibeline.

DOGUE, GIRAFE
MAKI, ZIBELINE

Phoque, sarigue, zébu, lama, girafe, hyène, âne, maki, zibeline dogue.

Lama, sarigue, phoque, âne, maki, hyène, dogue, zibeline, zébu, girafe.

Ane

Dogue

Hyène

Lama

Girafe

Maki

Zébu

Noms de reptiles.

Boa. vipère, naja.

Vipère, boa, naja.

Noms de poissons.

Alose, morue, sole.
Morue, sole, vive.

Noms d'oiseaux.

Ara, buse, râle, cane.
Pie, cane, buse, ara.

Noms d'insectes

Cigale, guêpe, pyrale
Carabe doré, lucane.

LA FÊTE DE PAPA.

Sa me di, ce se ra la fè te de pa pa.

Ma mè re fe ra de la fi ne cu i si ne.

E mi le di ra u ne po é si e ; Ma ri e fe ra de la mu si que.

Ce se ra u ne jo li e pe ti te fè te.

La fête de Papa.

Samedi, ce sera la fête de papa.

Ma mère fera de la fine cuisine.

Emile dira une poésie ; Marie fera de la musique.

Ce sera une jolie petite fête.

TAQUINERIE PUNIE.

Anatole taquine Honoré, le pique, lui tire sa tunique, se moque de lui.

Le père d'Anatole a vu cela : Anatole sera puni.

Taquinerie punie.

Anatole taquine Honoré, le pique, lui tire sa tunique, se moque de lui.

Le père d'Anatole a vu cela : Anatole sera puni.

HÉLÈNE MALADE.

Hélène a désobéi à sa mère.

Hélène a dévoré du rôti, du pâté, de la salade ; a bu du café, de la li mo na de.

Hé lè ne a la co li que.

La pe ti te ma la de a a va lé u ne mé de ci ne a mè re.

Le re mè de a opéré.

Hé lè ne gué ri e o bé i ra.

Hélène malade.

Hélène a désobéi à sa mère.

Hélène a dévoré du rôti, du pâté, de la salade; a bu du café, de la limonade.

Hélène a la colique.

La petite malade a avalé une médecine amère.

Le remède a opéré.

Hélène guérie obéira.

A L'ÉCOLE.

A li ce va à l'é co le.

La pe ti te é co li è re a é té do ci le, sa ge, po li e. A li ce a re çu u ne jo li e i ma ge.

Ce se ra u ne é lè ve mo dè le.

Sa ca ma ra de Ge ne vi è ve a dé so bé i, a é té pu ni e.

Que di ra sa mè re ?

A l'école.

Alice va à l'école.

La petite écolière a été docile, sage, polie. Alice

a reçu une jolie image.

Ce sera une élève modèle.

Sa camarade Geneviève

a désobéi, a été punie.

Que dira sa mère ?

LE NAVIRE ÉGARÉ.

Le navire, qu'a égaré l'orage, vogue à la dérive.

L'orage diminue.

La lune, qui se lève, dore la vague agitée. Le nuage a fui.

A la pâle lumière de la lune, le rivage a été vu du navire.

Celui-ci se dirige rapide du côté de la rive si désirée.

Vive la lune, qui a guidé le navire égaré !

Le navire égaré.

Le navire, qui a égaré l'orage, vogue à la dérive.

L'orage diminue.

La lune, qui se lève, dore la vague agitée. Le nuage a fui. A la pâle lumière de la lune, le rivage a été vu du navire.

Celui-ci se dirige rapide du côté de la rive si désirée.

Vive la lune, qui a guidé le navire égaré!

Paris. — Imp. LAROUSSE, 17, rue Montparnasse.

www.ingramcontent.com/pod-product-compliance
Lightning Source LLC
LaVergne TN
LVHW020056090426
835510LV00040B/1698